¡GANAR!

O Cómo Medir Socialmente

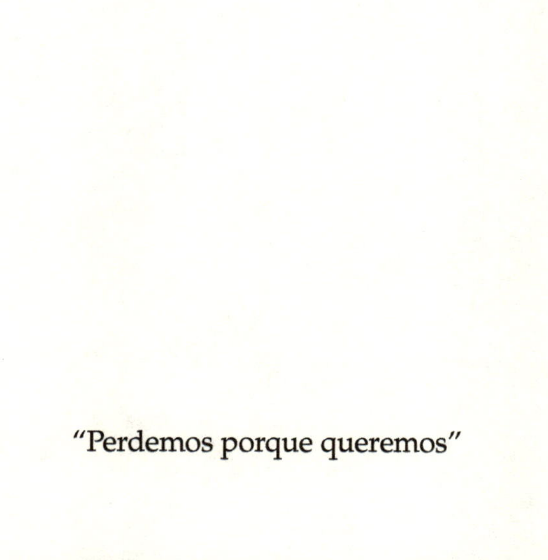

"Perdemos porque queremos"

¡GANAR!

O Cómo Medir Socialmente

Manuel López Mateos

¡Ganar! / O Cómo Medir Socialmente
Manuel López Mateos

©2018   Manuel López Mateos
Todos los derechos reservados

DR de la presente edición, editor:
Manuel López Mateos (MLM editor)
Camino al Seminario 78
Tercera Sección
San Pablo Etla
Oaxaca
C.P. 68258

ISBN-13: 978-1986309851
ISBN-10: 1986309851

Información para catalogación bibliográfica:

Manuel López Mateos
¡Ganar! / O Cómo Medir Socialmente. Manuel López Mateos.
vii–44 p. cm.
ISBN-13: 978-1986309851
1. Elecciones 2. Campañas 3. Medición   i. López Mateos, Manuel. ii. Título.

Producido en México
Printed by CreateSpace

Presentación

Escribí este trabajo al calor del ambiente electoral de 2006 en México, con el afán de colaborar en la construcción de un equipo que comenzara registrando preferencias electorales y se convirtiera en un elemento transmisor de la más diversa problemática social con el gobierno en turno.

Pasado el furor electoral, lo presenté en el evento *1er Simposio Informática y Comunidad*, parte de *Informática 2007*, realizado en La Habana, en febrero de 2007.

Los aspectos tecnológicos mencionados están ampliamente superados, pero el espíritu de la propuesta me parece vigente. Nada más hay que adaptarla con los recursos tecnológicos actuales; en lugar de tanta red, con los celulares sería suficiente (bueno, es un poco exagerado).

Desde 2006 me pareció novedosa, y ahora me impresiona que todavía no existan, la idea de los mapas propuestos para detectar todo tipo de problemas y que se usen para guiar la acción gubernamental.

Manuel López Mateos
manuel@fbisu.net.mx
7 de marzo de 2018
11:20

Se trata de

¿CUÁL ES LA NOVEDAD DE ESTE TRABAJO? En primer lugar, poner de manifiesto que la jornada electoral no debe considerarse como un mero recuento de la opinión del electorado cuyo resultado puede estimarse —la moda es mediante encuestas— sino un proceso donde se puede influir de manera consciente, controlada, de modo que al realizar la tarea se obtengan efectos adicionales generadores de cohesión en el tejido social. En segundo, proporciona un esquema de acción ciudadana en articulación con la estructura electoral del candidato, complementando con la descripción, proporcionada en ANEXOS, de los instrumentos informáticos para su realización. El trabajo está basado, en una primera lectura, en cómo armar una red de carácter social para conocer preferencias electorales. Pero, como se menciona, el mismo principio se puede aplicar para efectuar mediciones de todo tipo de problemática social.

Se trata de una guía, de una guía para ganar elecciones. O, al menos, para saber si es posible hacerlo. No trata de la construcción de programas o ideologías sino de la manera de ordenar información -para medir su impacto en la voluntad popular y en la emisión del sufragio. Nos referimos a elecciones de gobernantes. Según he percibido, para ganar unas elecciones es necesario cumplir los tres puntos siguientes:

1. Conquistar la simpatía popular.

2. Lograr que la simpatía popular se transforme en votos depositados en las urnas.

3. Contabilizar de manera efectiva los votos depositados.

Esta guía permite, al conjunto de ciudadanos interesados en seguir la evolución de un proceso electoral, ir *midiendo* el impacto de las diversas propuestas en la intención del voto y, de contar con organización o si una propuesta logra simpatías suficientes como para articular amplias voluntades, *influir* en las tendencias observadas.

Conquistar la simpatía popular

Aunque éste es el punto de partida, es el tema menos tratado aquí, en esta guía. De hecho, quien se lanza como candidato ha de tener, entre la menor de sus expectativas, confianza en su capacidad de lograr tal simpatía popular. Pero el concepto es volátil, la simpatía puede ser una mera aceptación del candidato debida a sus acciones anteriores, durante su desempeño en otra posición política. Puede, simplemente *'caer bien'*, o caer *'menos mal'* que otros candidatos. O puede, colocados desde otro punto de observación, tener características de euforia partidista, de participación masiva en la divulgación de programas e ideología. Simpatía es un concepto amplio y de características difusas. ¿Cuál es el grado de simpatía popular que deba conquistar un candidato? Para efectos del presente trabajo diremos que se ha logrado un nivel de *simpatía mínima* cuando un ciudadano esta dispuesto a votar por el candidato. Y decir *'mínima'* no es decir poco, sino que el compromiso de emitir el sufragio a favor del candidato es el nivel mínimo de simpatía esperada (no califica como simpatía una posición que no esté dispuesta a votar a tu favor). Naturalmente, se espera del candidato que sea capaz de obtener una simpatía mínima, pero para transitar hacia la victoria el nivel de simpatía que el candidato debe conquistar es uno más activo. La simpatía mínima es pasiva: la persona decide votar por el candidato.

Un nivel de *simpatía medio* consistiría en la disposición de votar y de promover el voto. La *simpatía óptima* consistiría en disposición de emitir el sufragio, promoverlo y participar en la medición del avance.

Conquistar la simpatía popular significa, como instrumento para ganar las elecciones, que el electorado no sólo esté dispuesto a sufragar a favor del candidato, sino que, a su vez, está dispuesto a propiciar que otros también lo hagan, y aún más: está dispuesto a participar en medir el resultado de su acción, de monitorear su efectividad y de influir en el proceso.

El resultado de la conquista de la voluntad popular de la magnitud suficiente para ganar las elecciones no se mide por el número de asistentes a eventos de campaña. Es decir, efectuar actos masivos no garantiza ganar las elecciones. Es bueno, es indispensable, pero no es suficiente. Usualmente los candidatos realizan extenuantes giras electorales e interpretan la asistencia masiva a sus eventos como elementos que van conformando su victoria (muchas veces sin enterarse que los asistentes a los eventos de los distintos candidatos son las mismas personas, que no van a expresar su adhesión sino a cobrar su servicio de fuerzas populares organizadas). Pero quien gana las elecciones es quien más votos tiene. No gana las elecciones quién más querido se haya sentido, la victoria no es la suma de la 'calidez' popular percibida en campaña, es la suma de los votos depositados y bien contados.

Así, en los actos de campaña, en discursos, propaganda y demás eventos y componentes, es necesario manifestar, de manera explícita, la tarea que se espera del electorado, de participar en la promoción y contabilidad de los votos. Es decir, la propuesta electoral debe informar a su electorado que la victoria depende de si se cumplen, o no, los puntos 1, 2 y 3 mencionados en el capítulo anterior.

Las encuestas sólo proporcionan información acerca de la intención de voto; los actuales métodos estadísticos, tan sofisticados, obtienen buenos resultados, pero se trata de un método pasivo de medir el avance de la contienda electoral. Idealmente, la encuesta la realiza *'un tercero'*, sin interés en el resultado del proceso y, por ello, imparcial.

El planteamiento es: **si queremos ganar las elecciones no es suficiente ir analizando, día con día, el comportamiento de las encuestas sino que es necesario actuar para modificar su resultado.**

Lograr que la simpatía popular se transforme en votos depositados en las urnas

N EL PUNTO ANTERIOR SE ESPERA QUE sea el candidato el factor activo, es el propósito de la campaña, de la gira: Conquistar la simpatía popular. En este punto, se trata de cómo lograr que dicha simpatía se transforme en voto depositado en urnas. Precisemos: La transformación de simpatía en voto será observable hasta que sea depositado, lo más cercano (y observable antes de las elecciones) de un voto depositado (suceso que ocurre el día de las elecciones por medio del sufragio) es la promesa, o intención, del voto. Esa intención del voto es el objeto de nuestra observación y análisis.

Así, la tarea que proponemos para medir la forma en que la simpatía popular conquistada por el candidato puede transformarse en votos depositados, es medir la intención del voto.

Se puede participar en esta tarea, ya sea desde la estructura organizada del candidato o de manera individual, como persona interesada. Naturalmente, si la estructura del candidato adopta estos métodos y logra articular esfuerzos e información generada, ya sea en forma individual o por grupos de personas interesadas, estará en mejores condiciones de medir el impacto de la campaña y de influir en el resultado de las elecciones.

La acción individual de medir sólo proporciona, a la persona que la realiza, conocimiento de su entorno. El trabajo de la estructura del candidato, al agregar, sumar, conjuntar el resultado de la acción individual permitirá, de manera sencilla, trazar un mapa fidedigno de la intención de voto.

Vamos por partes. Primero describamos la actividad individual y posteriormente la manera en que la estructura del candidato puede aprovecharla.

¿Qué significa *medir* el impacto la campaña en la intención del voto? Significa conocer, no mediante encuestas sino por información directa, la intención de voto y cómo esa intención se modifica según transcurre la campaña. Se puede medir en varios ámbitos: de la estructura partidista, de la oficina, el familiar o el vecinal. Para que esta actividad individual pueda agregarse y convertirse en información útil conviene realizarla en el ámbito vecinal, amén de que al incidir en lo vecinal se propicia interacción y cohesión social que, no sobra decirlo, es necesario apuntalar. Así, el ámbito de la actividad puede ser la cuadra, la manzana, un piso de un edificio, la ranchería, y, en caso de organizarse se puede medir el ejido, el pueblo, el edificio, la colonia. Ahora bien, ¿cuál es la actividad?, ¿cómo se mide?

La manera de medir es muy sencilla: simplemente *pregunta* a cada ciudadano de tu cuadra por quién va a votar.

Si, parece simple, pero tiene sus bemoles. En primer lugar el voto es secreto y nadie tiene la obligación de manifestar en qué sentido sufragó o en qué sentido piensa hacerlo. Al respecto, tanto para las encuestas realizadas antes de la votación como para las que se realizan el mismo día a la salida de las casillas, se considera una acción voluntaria de parte de quien proporciona la información. No hay coacción, pero tampoco hay certeza de que la información proporcionada sea veraz, aunque, hay que decirlo, los resultados anunciados por dichas encuestas se apartan muy poco de los obtenidos. Tiene su razón de ser el voto secreto, evita precisamente ser objeto de coacción. En segundo lugar, ¿qué sucede si en una misma cuadra hay personas simpatizantes de candidatos opuestos midiendo intenciones?

Respecto al voto secreto, eso es así, el sufragio es privado, pero una campaña trata precisamente de influir en ese momento personal de emitirlo. Es conocida la tarea, que se realiza, incluso, casa por casa, de promoción del voto. Pues bien, la promoción consiste en expresar los motivos por lo que se pide a la persona que vote a favor del candidato, la medición consiste en preguntar su intención de voto y tomar nota de ello, advirtiendo que se trata de una declaración voluntaria. La persona puede o no responder, pero el medidor podrá tener una apreciación de la intención del cuestionado, que es la que anotará.

Así, la manera de medir se transforma en: ¿por quién *crees* que va a votar?

En caso de que haya varios '*medidores*' simpatizantes de otros candidatos, ello, en primer lugar, se hará evidente en el ámbito vecinal, en segundo lugar, pues eso es lo esperado, se trata de una contienda electoral, las simpatías estarán divididas y cada medidor estará haciendo su tarea, trazando el mapa de impacto de la campaña en su ámbito vecinal y de ahí construyendo su índice de esperanza de ganar las elecciones.

Finalmente, dicho mapa vecinal de intención de voto se puede construir ya sea preguntando a cada elemento su intención de voto o asignándole, a criterio, una intención.

Ahora bien ¿Cuál es la información necesaria para construir el mapa vecinal de intención de voto? Para construir un mapa vecinal de intención de voto requerimos, en primer lugar, la descripción del ámbito vecinal, por ejemplo, si se trata de una cuadra se requiere el nombre de la calle, entre qué calles se encuentra, cuál es la numeración de cada casa de esa cuadra, en ambas aceras, la colonia a que pertenece, municipio, ciudad, estado, código postal, en fin, los datos geográfico-políticos del ámbito vecinal. En segundo lugar la descripción de las personas en edad de sufragar que habitan el ámbito vecinal en cuestión. Esta descripción puede tener varios niveles de precisión, según las condiciones del ámbito y de la relación del *'medidor'* con su comunidad, así como de la disposición del ámbito de colaborar con el procedimiento. La información más precisa incluiría desde el número de la credencial de elector hasta apellidos y nombre, pasando por edad y género. Sin embargo, como se trata un mapa de intención, puede no incluir estos datos, incluso bastaría con describir a una persona como *'Doña Fulanita'* por el nombre o apodo con que sea conocida, con la edad aproximada. Lo ideal sería extraer la parte vecinal interesada del padrón de electores, si estuviera a disposición pública. Así qué, en realidad, estamos reconstruyendo la parte del padrón que nos interesa, misma que quizás obre en poder de la estructura del candidato de nuestra preferencia. En tercer lugar necesitamos la descripción de la intención de voto. Aquí podemos aprovechar nuestra percepción subjetiva, basada en el conocimiento de nuestro ámbito vecinal, del *nivel* de intención del voto de sus componentes, es decir podemos asignar, a una determinada persona, una intensidad en la simpatía por nuestro candidato, por ejemplo, asignamos el número 1 si consideramos que Doña Fulanita va a votar por nuestro candidato, el número 2 si pensamos que Doña Fulanita está dispuesta a promover el voto en el ámbito vecinal y el número 3 si pensamos que Doña Fulanita está dispuesta a participar con nosotros en este proceso de medición. Pero también podemos detectar apatía, si asignamos el número 0 en el caso de que la persona no va a votar por nuestro candidato; o animadversiones, si usamos números negativos para describirlas, por ejemplo asignamos el número negativo −1 (se lee 'menos uno') a la persona que sabemos (porque nos lo dijo o porque así lo pensamos) que va a votar por otro candidato. Asignamos el −2 (menos dos) a la persona que está promoviendo votos para otro candidato, y asignamos el número negativo −3 a quién esté efectuando mediciones, o tareas equivalentes, para otro candidato. Conviene desagregar esta última apreciación de animadversiones y, más que asignar un 'menos dos' a una persona, habría que ubicar a favor de cuál candidato es ese 2. Pero esto lo realizamos aparte.

Nosotros queremos saber *cuántos* votos tenemos en nuestro ámbito vecinal. Entonces, después del nombre de la persona, colocamos un 1 si la intención de voto es favorable y un 0 en caso de no serlo, de esta manera una simple suma de la columna de los votos nos dirá con cuántos votos contamos, valor que posiblemente irá cambiando conforme avance la campaña. ¡Esa es nuestra tarea individual! Saber con cuántos votos contamos y cuál es su valor porcentual en nuestro ámbito vecinal. Conocer esos datos nos permite planear nuestras actividades de promoción del voto hasta obtener cifras satisfactorias en nuestro ámbito.

Ahora bien, si juntamos la lectura obtenida con las de ámbitos circundantes ampliaremos la zona geográfica de validez del mapa y, con ello, el ámbito de certeza del resultado de las elecciones. Una estructura electoral lo suficientemente amplia como para garantizar la realización del procedimiento mencionado tendría una buena medida de la intención del voto a nivel nacional, *sabría si ha logrado transformar la simpatía popular en intención de voto* y conocería, de manera confiable, la posibilidad de ganar las elecciones.

Conviene *'vaciar'* la información anterior en un instrumento informático; para aprovecharla en toda su complejidad convendría vaciarla en una base de datos, aunque se podría practicar, a nivel individual, en una hoja de cálculo o en una base de datos casera.

Es importante analizar el tipo de instrumento informático que usaremos para vaciar los datos obtenidos al medir de la intención del voto en el ámbito vecinal para ver la manera en que la estructura del candidato puede aprovecharla.

Según ya se mencionó, la actividad individual genera mapas de intención de votos en el ámbito vecinal. Este conocimiento es dato invaluable, quizás una de las fallas más graves en la apreciación de un resultado electoral es, precisamente, la falta de dicho instrumento. Pues bien, tenemos la lectura de la intención del voto en el ámbito vecinal, que se va modificando según avanza la campaña. Ahora la estructura electoral del candidato debe poner a disposición de los medidores vecinales un instrumento informático que permita, en primer lugar, hacer acopio de los datos generados en los ámbitos vecinales; en segundo lugar hacer análisis de las tendencias de modificación de la intención del voto, desde global, estatal, hasta calle por calle y predio por predio, información decisiva para los ajustes de campaña. Y, en tercer lugar, mantener informados a los ámbitos vecinales individuales de la evolución del mapa de intención del voto a nivel nacional.

Aunque en el ANEXO 1 describiremos con más detalle dicho instrumento, diremos aquí que se trata de un sistema computarizado formado por una base de datos radicado en un servidor con acceso a Internet de manera que pueda alimentarse desde los ámbitos vecinales y consultarse desde cualquier computadora conectada a la red. Se trata de un verdadero sistema de análisis con datos aportados desde un componente primario del tejido social: el ámbito vecinal.

¿Cómo funciona el sistema cuando participan, de manera coordinada, la estructura y el conjunto de medidores en los ámbitos vecinales? En primer lugar debe haber un acuerdo entre estructura y medidores acerca de cómo proporcionar los datos recopilados. Lo práctico es que la estructura proporcione un medio de recopilación de información. Para ello requiere de un Centro de Cómputo de alto rendimiento, tanto en fuerza de procesamiento como en ancho de banda de acceso a Internet, o una red nacional de Centros de Cómputo locales que sirvan de intermediario entre los medidores y el procesamiento central[1]. Los cen-

---

[1]   Es posible, y hasta conveniente, evitar el procesamiento cen-

tros locales reciben información de manera constante que retransmiten periódicamente al procesador central. **Es vital que la red nacional de Centros de Cómputo sea capaz de acopiar y procesar la inmensa cantidad de datos generados por los medidores**. Es de importancia estratégica que la red nacional de Centros de Cómputo funcione de manera eficiente para evitar que los medidores se desanimen al no tener acceso al sistema para ingresar sus datos: **sin datos no hay resultados**.

Del lado de los medidores, sus requerimientos de cómputo se reducen a tener acceso a Internet.

El acuerdo entre la estructura y los medidores consiste en que la estructura proporcione una manera de presentar los datos obtenidos por los medidores. Es decir, en un portal de Internet, por ejemplo: http://www.mi-candidato.org, la estructura presenta una forma de registro, por su parte los medidores obtendrán y vaciarán los datos recopilados según la forma presentada. El acuerdo consiste en la manera de recopilar y capturar los datos.

Pues bien, ya tenemos una poderosa infraestructura de cómputo y tanto la estructura electoral como los medidores estamos de acuerdo en la manera de acopiar y presentar datos. Ahora los medidores pueden iniciar su tarea. El proceso de medición es una tarea de participación activa en la campaña electoral.

---

tral mediante un sistema distribuido en la red (ver ANEXO 1).

> Lejos de la vorágine de la gira, en el centro del ámbito vecinal, el proceso de medición de la intención del voto genera la victoria.

La tarea del medidor es, en efecto, parte de la campaña pues, quiérase o no, el acto de preguntar la intención de voto genera en el emisor una valoración de su opinión, y genera un clima vecinal de discusión de alternativas electorales, que no puede menos que devenir en salud social. Quizá cada semana, y quizá con cada vez más frecuencia según avance la campaña y se acerquen las elecciones, el medidor verterá sus datos en el portal de Internet puesto a su disposición por la estructura. Ahí podrá consultar el análisis realizado con los datos aportados por todos los medidores y obtener una visión tanto a nivel local como global del avance del proceso de transformación de simpatía popular en intención de voto.

La estructura, por su parte, cuenta con un sistema instalado en los Centros de Cómputo de manera que cada Centro recibe los datos de su localidad y los retransmite a un procesador central o los pone a disposición del sistema distribuido en la red, para su análisis. Se efectúa el procesamiento de los datos y se presentan de manera que sean visibles en el portal de Internet.

Queda así conformado un sistema dinámico de información que pinta, por así decirlo, un mapa de intención del voto y muestra su evolución, permitiendo, por un lado, medir la efectividad de la campaña y, por otro, visualizar la perspectiva de ganar.

Contabilizar de manera efectiva los votos depositados

UPONGAMOS QUE YA CUMPLIMOS con el punto anterior, que contamos con un mapa satisfactorio de intención de voto, vemos su evolución, y percibimos que vamos a ganar las elecciones. Bien, pero, ya se sabe, del dicho al hecho hay mucho trecho. Ahora, el día de las elecciones, debe hacerse realidad esa percepción de victoria. Y las elecciones se ganan con votos depositados y bien contados.

Ya tratamos de la intención, ahora hay que tratar sobre el sufragio. Si la estructura y medidores lograron articular su tarea, será posible añadir carga a su responsabilidad: la preparación y supervisión del proceso electoral.

Se cuentan los votos contenidos en las urnas. La estructura debe organizarse para verificar que, primero, en las urnas sólo haya votos depositados[2], segundo, que las intenciones manifestadas en la etapa de medición sean voto en urna y, tercero, que en la urna no se

---

[2] Parece un sin sentido ¿verdad?, pero hay que verificarlo.

depositen votos que no estén registrados en el ámbito vecinal correspondiente.

Las actividades relacionadas con estas tareas son, como la medición, actividades lejanas de la vorágine de la gira y, por ello, muchas veces relegadas, pretendiendo organizarlas a unos días de las elecciones, cometiendo, así, un gran error estratégico. Es como pensar que para ganar una guerra bastan las arengas del general, o los discursos del líder, sin tomar en cuenta el aprovisionamiento de la tropa. Así, para que el resultado del proceso electoral sea la victoria percibida por nuestro mapa de intención de voto, es necesario prepararse con debida anticipación.

Vayamos punto por punto en lo relacionado con las urnas.

Primero, verificar que en las urnas sólo haya votos depositados. Esto significa que es necesario verificar que las urnas estén vacías antes de comenzar la jornada electoral. Aunque la base moral del proceso consiste en la emisión del sufragio para que mediante su contabilización se obtenga un ganador, para evitar suspicacias y malas intenciones, hay que verificar que se cumpla esa condición inicial del proceso: que las urnas estén vacías. Ello exige que en cada lugar donde haya una urna debe haber un representante del candidato. Parece obvio ¿verdad?, sin embargo es la condición más difícil de cumplir pues, como ya dijimos, en el furor de la campaña es más atractivo andar tras de la gira que realizar tareas de organización, más aún, muchas veces la misma estructura electoral del candidato propicia dicha actitud al no canalizar recursos, esfuerzo y supervisión en convocar, organizar y capacitar a quienes fungirán como representantes de casilla. Debemos comprender que para que los resultados pintados en nuestro mapa de intención de voto concuerden con los resultados de las elecciones, es necesario tener representantes capacitados en cada casilla. Es más, piensen así: si una casilla no tiene representante, eliminen los resultados medidos en los ámbitos vecinales correspondientes a esa casilla en el mapa de intención, así tendrán una visión más cercana a la realidad. Parece evidente, a estas alturas, el importante papel de los medidores: **quién mejor que las personas que construyeron el mapa de intención de voto para fungir como representantes de casilla**. Incluso cubriendo las plazas necesarias para representantes de casilla, quedan medidores para efectuar la tarea del punto…

Segundo, verificar que las intenciones manifestadas en la etapa de medición sean voto en urna. Es evidente que esta tarea no pertenece a la estructura sino que es meramente ciudadana, nadie prohíbe a los ciudadanos que animen a vecinos afines a que haga realidad su intención de voto. No confundir con la prohibición, vigente en la ley electoral, de hacer propaganda o inducir al voto. ¿Qué ciudadanos animarán a sus vecinos afines? ¡Correcto: los medidores!, quienes, incluso, podrán, como veremos más adelante, preguntar si se realizó la intención, a manera de las encuestas de salida. Así, los medidores, partiendo del conocimiento logrado de su ámbito vecinal, se convierten en los verdaderos defensores de la victoria percibida. Mientras, en las urnas, los representantes de casilla vigilan que se cumpla el…

Tercer punto, verificar que en la urna no se depositen votos que no estén registrados en el ámbito vecinal correspondiente. Para ello se requiere que el representante de casilla esté debidamente capacitado para evitar que sufrague quien no esté en el padrón.

Esto parece obvio, lo experimentamos cuando vamos a votar, notamos cómo se verifica de manera exhaustiva, por cada representante, que, en efecto, estemos en el padrón. Sin embargo, conforme las casillas están más lejos de los centros urbanos y del ambiente de la campaña, se relaja la vigilancia de los representantes (o no hay tales representantes). Digo, en ocasiones, en centros urbanos, incluso al calor de la campaña, el día de las elecciones, la estructura está a la búsqueda de representantes de casilla.

> Así como fue importante dibujar el mapa de intención de voto (elemento que nos permitió percibir la victoria), así es ahora de importante la presencia en las casillas (elemento que nos permitirá *'cuajar'* la victoria).

Resumiendo:

1. La condición inicial para la jornada es que las urnas estén vacías,

2. Hay que animar a los vecinos afines a que concreten su intención de voto, y

3. No debe votar quien no esté en el padrón. Es indispensable tener representantes en cada casilla.

Hasta aquí lo relacionado con el momento del sufragio, de la emisión del voto.

¿Ya votamos? Ahora ¡a contar!

No vamos a esperar a que los escrutadores terminen de contar para tener idea de cómo va el resultado.

Los medios de difusión usan el recurso de la encuesta de salida: en una muestra de casillas preguntan a una muestra de votantes el sentido en que emitieron su sufragio, procesan la información y obtienen una tendencia del comportamiento de la jornada electoral, generando así la noticia. Para los involucrados en las elecciones, para la estructura del candidato, esa noticia de la tendencia es insuficiente. Nosotros no estamos interesados en conocer la tendencia anunciada por las encuestas de salida, sino saber si se va realizando, si se va concretando el mapa de intención de voto.

Queremos saber el avance que llevamos en el proceso de transformación de intención de voto, en voto.

Para ello usaremos un procedimiento más completo que el de las encuestas de salida. A la salida de todas y cada una de las casillas del país se colocan medidores que no fungieron como representantes de casilla y realizan una nueva medición: la del voto emitido. ¿Cómo se realiza? Nuevamente: el medidor pregunta a cada sufragante *por quién* votó. El sufragante puede o no contestar. El medidor, para efecto de nuestro procedimiento, asigna a cada sufragante el sentido del voto según su apreciación subjetiva. Así, en su listado, a continuación del nombre del sufragante coloca el número 1 en la columna del partido por quién el medidor *cree* que votó. La simple suma de cada columna expresará la tendencia de la jornada electoral en el ámbito vecinal de cada medidor. Ahora bien, si vaciamos esos datos por Internet al portal habilitado para tal fin por la estructura (ANEXO 2), procesando todos los datos, digamos cada hora, tendremos una visión de conjunto de cómo evoluciona la tendencia, misma que podemos comparar con el mapa de intención y obtener posibles desviaciones que nos pueden indicar la necesidad de intensificar, o no, la tarea de invitar al vecino a votar.

¿Cuál es la diferencia entre el procedimiento mencionado y la encuesta de salida? Porque, hay que decirlo, este procedimiento de *'medición a la salida'* es difícil de realizar, mucho más que las encuestas. Los resultados de las encuestas de salida son datos para espectadores. El proceso de *'medición a la salida'* es un instrumento de quienes perciben la victoria y quieren concretarla.

Pero ¿qué tan difícil es medir a la salida? En todo caso lo difícil fue articular la gran masa de medidores y la estructura electoral del candidato, ahí es donde se manifiesta la efectividad del discurso, de la gira, del pronunciamiento: en el hecho de que convoque a la ciudadanía a participar como medidor, que el simpatizante del candidato comprenda que su actividad como medidor es necesaria, es indispensable si quiere ganar. Así, no son comparables las actividades, al espectador le interesa la encuesta de salida, el participante quiere conocer cómo se comporta la medición de salida para saber si se va cumpliendo su expectativa de intención de voto. Adentro, en la casilla, con las urnas, los representantes tienen la delicada tarea de que los votos estén bien contados durante el escrutinio, para cumplir con el punto 3 mencionado en la INTRODUCCIÓN: que los votos depositados estén bien contados.

La parte final del proceso de emisión del sufragio es el escrutinio de votos y elaboración de actas por casilla. Las actas contienen ya, datos oficiales. Por ley esas actas deben mostrarse públicamente a la brevedad, en cada casilla, y debe obrar copia en poder de los representantes. Es de vital importancia que se vacíen los datos en el portal en Internet colocado por la estructura para tal fin, de manera que, procesados según van saliendo actas, se va conociendo el resultado de las elecciones y **confirmando la victoria**.

Ganar —la consumación de la victoria— es consecuencia de un trabajo que recorre todos los puntos que van desde la concepción del propósito, pasa por la determinación de actuar, por la articulación de voluntades, por la organización eficiente entre estructura electoral y ciudadanía, por la habilitación de la red nacional de Centros de Cómputo, por el diseño, apropiada configuración y puesta a punto de varios instrumentos informáticos (sistemas que, dicho sea de paso, servirán para multitud de otros propósitos), por la oportuna alimentación de datos al sistema, por una adecuada atención a la tarea de los medidores, por organizar y capacitar a los representantes de casilla, por tener representantes en cada casilla del país, y, en fin, por la determinación de hacer realidad nuestra percepción de la victoria. Naturalmente, esta trayectoria se recorre en el espacio generado por las concepciones socio-político-económicas del candidato. Verosimilitud, coherencia y factibilidad serán componentes importantes para determinar la amplitud y efervescencia del espacio social en donde trazar el camino a la victoria.

Un paso más allá

¡YA GANAMOS! se realizaron las elecciones y ganamos. ¿Ahora qué? Usualmente, el candidato ganador, ahora triunfador, de solicitar participación ciudadana pasa a solicitar pasividad. Ya ganamos, ahora ¡no hagan olas! Comienza otro ciclo, nuevas gentes, se acomodó quien pudo, y las cosas igual.

¿Igual? ¡No! ya no. Ahora se cuenta con la cohesión social generada en el ámbito vecinal por el proceso de medición de la intención del voto. Y se cuenta con una relación funcional, eficiente, entre la estructura electoral y el conjunto de medidores. Y se cuenta con una red nacional de Centros de Cómputo, y con instrumentos informáticos desarrollados para pintar mapas, en este caso, del proceso electoral.

Esa formidable base humano-técnica, se ha transformado, se ha afinado, hasta convertirse en valioso y poderoso instrumento capaz de actuar como correa de transmisión, transportando información veraz y oportuna del seno de la sociedad al aparato gubernamental. Puede, en particular, actuar como sensor de problemas, tanto de carácter social como de servicios.

De hecho, nuestro sistema de información sirve de molde, o de patrón, a partir del cual podemos diseñar sistemas para otros propósitos. Por ejemplo, uno simple, desde el portal en Internet convocamos a los medidores a dar información sobre los focos fundidos en los postes de su ámbito vecinal. Pues bien, es posible que en ¡24 horas el gobierno tenga la información de todos los focos fundidos del país!

Podemos así generar un complejo de sistemas de información mediante el cual el gobierno interactúe con la sociedad, de hecho podría tenerse un portal de Internet que fungiera como *'atlas'* del país en donde hubiera mapas que pintaran las más diversas problemáticas. *'Es lo que hacen los censos'* diría alguien. Pues si, deberían, pero esto es diferente.

Aquí se trata de un sistema dinámico de información que interactúa con la sociedad. Ante cualquier eventualidad, de cualquier tipo, basta ajustar el sistema patrón para hacer que entre en acción el fortalecido tejido social y se exprese, a nivel de ámbito vecinal, vía sus medidores, sobre la problemática planteada.

El párrafo anterior describe la evolución deseada del trabajo invertido para ganar las elecciones. De lograrse, habremos ejercitado, socialmente, la capacidad de expresarnos, de manera eficiente, usando instrumentos tecnológicos y nos habremos colocado en posición de dar un paso importante: **que las elecciones se realicen vía Internet**. Resolviendo, de paso, el problema de emisión del sufragio de quien se encuentre en el extranjero.

¿Cómo así? Si, se podría hacer de dos maneras, quizá la fase uno sería que las *'urnas'* fueran como los cajeros automáticos. Insertas tu credencial de elector, colocas tu dedo índice para confirmar tu identidad mediante la huella digital, se presenta la pantalla a manera de boleta electoral, eliges y ya, acabas de emitir tu sufragio. En esta fase habría que gastar en urnas, que además de colocarse en los sitios habituales, se podrían colocar en embajadas, consulados y plazas públicas en varias ciudades del mundo, lo cual, hay que decirlo, no resuelve por completo el voto en el extranjero debido a la dificultad de cubrir con urnas el espacio en que están distribuidos los nacionales en el planeta.

La fase dos, *la sofisticada*, pues habría que pensar la manera de validar la identidad, es que se pudiera votar desde cualquier computadora con acceso a Internet, desde cualquier lugar del mundo (podrías votar desde tu celular).

Anexo 1. El mapa de intención

Primero necesitamos la infraestructura física: la red nacional de Centros de Cómputo. ¿Por qué red en lugar de una máquina a la cual se conecten todos los medidores? De usar una máquina debería ser extremadamente poderosa y su acceso a Internet de tal amplitud que sería incosteable.

Debido a la expectativa que va a despertar el procedimiento de medición del voto así como la información procesada que se presentaría en el portal de Internet, usar equipo y amplitud de enlace insuficiente provocaría su inmediata saturación, tanto de la capacidad de atender solicitudes como de acceso desde Internet.

Hablar de equipamiento es pensar con la mano en el bolsillo. Más que invertir en equipo nuevo, o en un equipamiento total, partiendo de nada, podemos considerar una estrategia mixta: comprar algo de equipo y habilitar lo que tenemos. Pero primero debemos escoger nuestros estándares: tipo de máquina, sistema operativo, manejador de bases de datos, lenguaje para desarrollar la explotación, y tipo y amplitud del enlace a Internet.

Cada nodo de la red deberá disponer de un servidor con características mínimas propias de misión crítica: dos procesadores, 2Gb de memoria RAM y dos discos duros SCSI de 73Gb. Mientras más holgado mejor.

Sin duda el sistema operativo debe ser Linux, habría que elegir la variante, pero la misma para todos los nodos, es importante contar con una configuración estándar en la red. Conviene usar una variante probada y estable de Linux, por ejemplo Red Hat Enterprise que, aunque no es gratis, es de bajo costo.

Al adoptar Linux como sistema operativo es sensato que escojamos nuestro manejador de bases de datos entre MySQL y Postgress. Unos afirman que con MySQL se puede hacer todo, otros, alegando cuestiones de seguridad, prefieren usar Postgress.

Entre los lenguajes para la explotación de la base de datos por medio de Internet tenemos dos principales: Java y PHP.

Actualmente el servicio de *Banda Ancha* (donde esté disponible) es mejor alternativa de enlace a Internet que los costosos enlaces privados, conviene tenerlo al máximo, con 2Mb de ancho de banda y con **IP fija.** Cualquiera que sea el proveedor del servicio de conexión a Internet, es importante tener asignada una IP fija para configurar nuestra Red Privada Virtual (VPN, *Virtual Private Network*).

Algunos nodos pueden ser más poderosos que otros, en el mercado se ofrecen servidores con procesadores Intel para usar Linux como sistema operativo, realmente poderosos. La estructura electoral del candidato debería considerar seriamente invertir para disponer de buena capacidad de procesamiento.

La red que estamos construyendo, esta descripción de los nodos, es la parte que va a **recibir**, **procesar** y **servir** datos. Los medidores vacían sus datos desde cualquier computadora con acceso a Internet.

Pues bien, ya está la red, ahora vamos con el sistema. Vamos a describir cómo debe comportarse el sistema independientemente de si es, o no, distribuido. La programación del sistema será tarea, no menor, de un equipo de trabajo altamente capacitado.

Debemos tener un dominio en Internet para habilitar el portal donde los medidores vaciarán sus datos y el público en general consultará la información. Si micandidato.org es el dominio, entonces portal de Internet estaría en: http://www.micandidato.org.

Entonces, la manera de interactuar con el sistema, ya sea para alimentarlo o para consulta, será mediante un portal de Internet.

En el sistema suceden, principalmente, tres cosas, entran datos, se procesan datos y salen datos. Veamos primero la entrada de los datos.

Los datos de entrada serán vaciados al sistema por los medidores, luego lo primero será registrarlos. Según hemos planteado, los medidores son personas de la ciudadanía interesadas en participar en el proceso con el afán de colaborar para ganar las elecciones, son personas voluntarias. Así en el portal debe haber un lugar que permita registrar medidores.

Para registrarse un medidor debe proporcionar los datos que aparecen en su credencial para votar: Apellido Paterno, Apellido Materno, Nombre(s), Edad, Sexo, Domicilio, Folio, Año de Registro, Clave de Elector, Estado, Distrito, Municipio, Localidad y Sección. Además debe ingresar el número que aparece en el reverso de dicha credencial.

También debe proporcionar una dirección de correo electrónico y, una de dos, selecciona un nombre de usuario y contraseña, o se le asigna mediante sistema.

Ahora bien, para completar su registro el medidor debe proporcionar la descripción del ámbito vecinal que va a medir, ya sea la cuadra, manzana, edificio, colonia, sitio, predio, paraje, ejido, ranchería, o lo que sea. Esta primera parte de la descripción se escoge de una lista, que debe ser de lo más exhaustiva, añadiendo, por supuesto, la categoría *'otro'* con espacio para colocar un nombre y añadirlo a las descripciones presentadas.

A continuación se describe el ámbito vecinal, nombre de la calle, entre cuál y cual, o las calles que rodean la manzana, o la dirección exacta del edificio, o el nombre de la colonia, o el nombre del paraje y su ubicación, es aquí donde se da la descripción del ámbito vecinal. Aquí se constituye una entidad primaria de nuestro mapa de intención.

Una vez completado el registro, el sistema envía un correo electrónico al nuevo medidor indicando el procedimiento para vaciar su información.

El conjunto de descripciones de los ámbitos vecinales es como un rompecabezas del país, hay que armarlo, hay que pegar los ámbitos vecinales contiguos y generar territorios que coincidan con los territorios del padrón electoral dividido en urnas. Así, varios ámbitos vecinales contiguos conformarán el territorio de una urna.

Aunque esta tarea es ya parte de la construcción de los elementos u objetos del sistema, hay que decir que es la menos programable debido al tipo de dato empleado, por lo que conviene pegar los ámbitos vecinales agrupándolos por Sección para después conformar Localidades, y así, desde el mapa del ámbito vecinal vamos armando mapas más amplios pero que corresponden a mapas definidos por la estructura del padrón electoral. Es decir ya con el mero acto de registro de los medidores vamos estableciendo una relación entre conjuntos de ámbitos vecinales y la estructura del padrón electoral.

Es posible que en las intenciones de medición haya ámbitos vecinales que se traslapen, lo cual debe indicarse por medio de e-mail a los respectivos medidores ya sea que prefieran conjuntar esfuerzos, o delimitar ámbitos (incluso la medición en ámbitos vecinales traslapados serviría como validación).

Bien, ya está registrado el medidor y ya sabe cómo tener acceso al sistema para vaciar sus datos. ¿Qué datos vaciará?

Cuando el medidor tenga acceso, por primera vez, al sistema, se le presentará una pantalla para que realice su primera captura: los datos de las personas que pueblan su ámbito vecinal. Para ello se proporcionarán los campos necesarios, equivalentes a los datos que aparecen en la credencial para votar, es decir, para que en caso de que la persona colabore proporcionando todos sus datos, tenerlos a disposición del sistema, añadiendo un campo para una descripción informal de la persona (que quizá sea el único dato que se tenga).

Ya sea en la primera captura, o conforme avance el proceso, conviene tener los datos de la credencial de elector de cada persona del ámbito para detectar la urna donde ha de votar. Recuerden que no todas las personas cambian su credencial junto con su domicilio. Esto mejorará la consistencia de la relación construida entre el ámbito vecinal y la estructura electoral.

Noten que la pantalla de captura de los datos de quienes pueblan el ámbito vecinal puede solicitarse, y modificarse, cada vez que lo desee el medidor. Naturalmente, el sistema lleva el registro de fecha de los cambios realizados.

Una vez conformado su universo, es decir, completado la descripción de las personas que pueblan su ámbito vecinal, el medidor ya está en condiciones de iniciar su tarea.

Vemos entonces que en el portal de Internet, al otorgar acceso al medidor, se pregunta la operación que va a realizar, que puede ser modificar su universo o vaciar datos de mediciones. En la primera captura eligió modificar el universo, una vez procesada dicha tarea, puede escoger de nuevo, ahora escoge vaciar datos.

El sistema presenta entonces la pantalla de vaciar datos que consiste en lo siguiente: Lista de las personas y un par de columnas por cada candidato, en la primera columna se coloca la intención de voto (puede ser 1 ó 0, de hecho al colocar 1 en alguna columna, en las correspondientes a los otros candidatos se coloca, de manera automática, 0) de la persona, y en la segunda la intensidad de la simpatía por cada candidato (va de 0 a 3). El sistema debe impedir que el medidor vacíe datos incongruentes. Supongamos que tenemos cuatro candidatos: A, B, C y D. Para cada persona p del ámbito vecinal capturamos cuatro parejas de números (v, s), donde v (intención del voto) toma valores 0 ó 1, y s (intensidad de la simpatía) es un entero entre 0 y 3.

Si denotamos con V al ámbito vecinal, Podemos decir que la medición de la intención de voto de $p \in V$, que denotamos con $M(p)$, se presenta como

$$M(p) = ((v_A, s_A), (v_B, s_B), (v_C, s_C), (v_D, s_D)).$$

Hay varias maneras presentar formalmente lo anterior, usamos ésta más cercana al tipo de exposición adoptado.

Lo que pretendemos ilustrar es que las cuatro parejas del lado derecho de la igualdad anterior tienen ciertas restricciones en su conformación, mismas que debe prevenir el sistema y no permitir su captura. Por ejemplo, no puede considerarse

$$((1,1),(1,1),(1,1),(1,1))$$

como una medición válida, estaría diciendo que la persona a la que corresponde piensa votar todos los candidatos.

Un ejemplo de medición sería

$$M(p) = ((0,0),(1,2),(0,0),(0,0))$$

lo cual significa que la persona p dice que va a votar por el candidato B y está dispuesta a promover el voto a su favor. Noten que la medición

$$((0,0),(0,0),(0,0),(0,0))$$

corresponde a las personas que no han decidido el sentido de su voto y es la posición inicial de la pantalla de captura de mediciones, misma que se modificará cuando el medidor tenga alguna opinión sobre la intención de voto de la persona.

Resumiendo, para tener datos primero necesitamos tener medidores registrados, descrito su ámbito vecinal y capturado su universo, es decir el conjunto de personas que lo pueblan y a quienes se aplicará la medición. Finalmente, a cada persona se asigna su intención de voto.

Los medidores modifican los valores capturados según avanza la campaña y, es de esperar, se modifica la intención de voto del electorado.

Después de capturados los datos se procesan, ¿cómo?

Depende de qué queramos como salida. La tarea del equipo programador es presentar los datos destinados a los medidores, a la estructura electoral del candidato y al público en general.

Al consultar el portal en Internet, el primer dato que nos interesa conocer es la distribución de la intención de voto entre los candidatos y la manera en qué ha ido cambiando desde el inicio de la campaña.

La distribución es una simple tabla de cuatro columnas y tres renglones en donde debajo de cada candidato se coloca, en el segundo renglón la suma de la intención de votos medida, y en el tercero su equivalente porcentual.

El cambio se puede presentar como una gráfica, usando un color por candidato, uniendo puntos cuya abscisa sea una marca del transcurrir del tiempo (día, semana o mes) y su ordenada esté dada en miles de votos.

Ahora bien, el mapa de intención del voto está dado por los distintos niveles de desagregación de la información mencionada, usando la estructura del padrón electoral.

Pensemos entonces la página de nuestro candidato dividida en: Área de difusión, una columna como área de registro de medidores y área de acceso al sistema por parte de los medidores, la parte principal con la distribución de intención y la gráfica de avance, y otra área que nos permita desagregar la información según la estructura del padrón electoral. En particular cada medidor podrá consultar los datos desagregados en su ámbito vecinal y circundantes.

Una vez alimentado el sistema lo de menos es generar multitud de mapas. Por ejemplo, la distribución de la intención del voto según género, y desagregarla según edad, o zona geográfica, o las dos, presentando también, por cada mapa generado, su gráfica de cambio. O, de otra manera, presentar la distribución de la intención según la edad y desagregándola según la zona geográfica (de cualquier nivel, según la estructura del padrón electoral), o cualquier combinación de todo lo anterior.

Anexo 2. Medición a la salida

ABIENDO REALIZADO LA TAREA descrita en el ANEXO 1 contamos hoy, día de las elecciones, con un mapa de intención de voto. Los medidores ya fuimos temprano a votar. Ahora vamos a emplear el resto del día en ir viendo, con el procedimiento de medir a la salida, cómo se va haciendo realidad, como se va realizando, el mapa pintado. Tenemos nuestro universo, es decir, el listado de las personas que conforman nuestro ámbito vecinal, pues bien, las abordamos a la salida de la casilla y le preguntamos por quién votó.

Sería bueno realizar por parejas la tarea de medición a la salida, para que con cierta frecuencia, digamos cada hora, uno vacíe los datos al sistema y mantenga informado al otro.

Tendremos entonces que al tener acceso al sistema, el día de las elecciones, al medidor ya no se le presenta la alternativa de modificar la intención. Ese proceso ya terminó. Sólo puede ver la información recopilada, pero ahora se le presenta la alternativa de vaciar la medición a la salida.

La pantalla consiste del listado de las personas que conforman el ámbito vecinal y, a continuación, cuatro columnas, una por cada candidato. Vaciar los datos al sistema consiste en colocar en el renglón de cada persona un 1 en la columna del candidato por quien dijo que votó.

Al colocar 1 en una columna, se coloca 0, de manera automática en el resto del renglón. Así tenemos completado un registro de voto. Determinada persona dice que votó por un cierto candidato.

En términos del sistema, y a gusto del equipo programador, el vaciamiento de los datos podría tener otra presentación pero se estaría realizando, básicamente, la misma tarea de colocar 1 en la columna del candidato por el cuál la persona afirma haber votado.

Después de vaciar datos podemos ver información. En la página principal, además de la información ofrecida durante la medición de la intención del voto, ahora se mostrará acceso a los resultados de la medición a la salida.

De nuevo, se tiene una tabla con tres renglones y cuatro columnas en donde se muestra, en el segundo renglón, la votación medida y en el tercero el avance porcentual.

Abajo estará la gráfica de avance, segmentos de recta con un color por candidato, que unen puntos cuya abscisa es un intervalo de tiempo, digamos cada hora, y su ordenada es el acopio de miles de votos.

Como en el caso del mapa de intención, ahora, en la medición a la salida, podemos desagregar los datos según la estructura del padrón electoral y hacer análisis local de avance. También, como en el caso de la intención, podemos construir multitud de mapas con estudios estadísticos de comportamiento del voto por género, edad, región, y, presentarlos ya sea en análisis global o desagregado.

También es posible que el sistema presente la desviación entre la intención y lo declarado a la salida.

Pues bien, así se va construyendo, a lo largo del día de las elecciones, el mapa generado por la medición a la salida. A estas alturas, al final del día, ya debemos tener una visión acerca de los resultados y saber si se han depositado en urnas los votos necesarios para lograr la victoria percibida.

¿Qué falta? La parte crucial: conocer los resultados oficiales. Partiendo de nuestro trabajo de medir la intención de voto, completado por la medición a la salida, prácticamente ya conocemos el resultado de las elecciones, nos falta confirmar, que, en efecto, los votos depositados hayan sido bien contados. Esta tarea la completaremos en el transcurso de la noche, quizá en la madrugada del día siguiente, conforme vayan apareciendo las actas por casilla.

Apenas se de a conocer el acta de la casilla, los medidores vacían los datos al sistema. De nuevo, una vez logrado el acceso al sistema, el medidor escogerá la alternativa que le permita vaciar los datos. Para ello el sistema permitirá que el medidor identifique la casilla, una vez hecho, el sistema presentará una ventana para que el medidor vacíe los datos del acta.

Nuestra página principal tiene ya nuevos elementos: la presentación de los resultados de las actas, mismos que se pueden realizar según el formato adoptado de un renglón para la cantidad y otro para el porcentaje, debajo de la columna de cada candidato, y abajo la gráfica comparativa de avance contra tiempo transcurrido. Naturalmente, como en el caso de la intención y de la medición a la salida, pueden desagregarse los resultados de casilla por localidad, o por estado, todo lo que permita la estructura del padrón electoral.

A estas alturas ya podemos estudiar la desviación entre la intención y los resultados. Esto nos permitirá conocer el grado de confiabilidad por medidor o grupo de ellos, podremos obtener un índice que nos diga el grado de fortaleza de nuestra estructura organizativa, en este caso para ganar las elecciones, pero, por la complejidad de la tarea efectuada, sin duda que ilustrará nuestro grado de cohesión partidaria y servirá de base para emprender tareas no necesariamente de tipo electoral.

Habría que hacer algunas observaciones acerca de la presentación de la página principal. Vemos que contamos con tres grupos de resultados: la intención del voto, la medición a la salida y los resultados de las actas. Cada uno se presenta de manera global, con cantidad y porcentaje, acompañado de una gráfica de avance. Se puede escoger, de cada grupo de resultados, verlos desagregados o ver otros mapas construidos a partir de los datos disponibles.

La manera de realizar lo anterior consiste en que **a cada consulta el sistema construye el objeto requerido**. No se trata de que en algún lugar del disco duro estén almacenados todos los mapas desagregados de todos los grupos de resultados. **Lo único que tenemos almacenado son datos**, proporcionados por los medidores, **con los cuales actualizamos periódicamente la presentación global de resultados. Cualquier otra consulta, ya sea desagregación u otro cruzamiento de datos, se calcula al momento y se presenta según formato** *ad hoc*.

Se trata de una verdadera explotación de base de datos vía Internet.

Anexo 3. Más allá

No cabe duda que ha sido un gran ejercicio para el equipo programador del sistema, para los alimentadores de datos, que en este proceso llamamos *medidores*, para la estructura electoral del candidato que supo usar los análisis generados, en fin, que podemos ahora ostentarnos como buenos constructores y usuarios de sistemas, con especialidad en lo que hicimos. ¿Qué hicimos? En conjunto, habilitamos una red nacional de Centros de Cómputo sobre la cual configuramos una Red Privada Virtual, construimos, diseñando y alimentando, una base de datos masiva, diseñamos y programamos su explotación, diseñamos, programamos y habilitamos un sistema para colocar la explotación de la base de datos a disposición desde Internet.

No es poca cosa.

Lo interesante del asunto es que una vez hecha la tarea, lo de menos es adaptarla. Toda la actividad y organización, todo el diseño y programación, puede considerarse como un *molde*. Con cambios menores y ajustes se pueden construir todo tipo de sistemas basados en la misma concepción.

Por ejemplo, para ejercer el voto vía Internet en la modalidad de que las urnas sean como cajeros automáticos. La base de datos es el padrón electoral, que se alimentó, con toda precisión, al inscribirse en el padrón y obtener su credencial para votar. Ahora, en lugar de **medir**, cada ciudadano va a **votar**. Al ejercer el sufragio está *vaciando* su dato, correspondiente al voto, y ¡listo!, sería posible conocer en tiempo real el avance en las votaciones. El esquema es casi idéntico al que usamos, donde vemos un cambio significativo es en el acceso al sistema por parte del sufragante que sería mediante su credencial para votar, validando su identificación mediante la lectura de la huella del dedo índice.

Finalmente, como ya lo mencionamos, la actividad descrita sirve de capacitación social para generar y usar toda una familia de sistemas que permitan, según se requiera, hacer acopio de información veraz y oportuna para un adecuado manejo de la **cosa pública**.

www.ingramcontent.com/pod-product-compliance
Lightning Source LLC
Chambersburg PA
CBHW031430250726
48656CB00002B/919